第三套国际武术竞赛套路

太极剑

国际武术联合会　审定

人民体育出版社

图书在版编目(CIP)数据

太极剑/国际武术联合会审定.-北京：人民体育出版社，2013（2019.6.重印）
（第三套国际武术竞赛套路）
ISBN 978-7-5009-4390-7

Ⅰ.①太… Ⅱ.①国… Ⅲ.①剑术（武术）-套路（武术） Ⅳ.①G852.241.9

中国版本图书馆 CIP 数据核字（2012）第 269101 号

*

人民体育出版社出版发行
三河兴达印务有限公司印刷
新 华 书 店 经 销

*

850×1168　32 开本　5 印张　110 千字
2013 年 6 月第 1 版　　2019 年 6 月第 2 次印刷
印数：5,001—6,500 册

*

ISBN 978-7-5009-4390-7
定价：33.00 元

社址：北京市东城区体育馆路 8 号（天坛公园东门）
电话：67151482（发行部）　　邮编：100061
传真：67151483　　　　　　　邮购：67118491
网址：www.sportspublish.cn
（购买本社图书，如遇有缺损页可与发行部联系）

《第三套国际武术竞赛套路》编委会

名 誉 主 任：于再清

名誉副主任：高小军

主　　　编：王玉龙　徐伟军

副 主 编：李小杰

编　　　委（以姓氏笔画为序）：

　　　　　王二平（本书执笔者）

　　　　　田　勇　　代林彬　　孙建明

　　　　　吕小林　　刘广齐　　何　强

　　　　　杨小华　　李英奎　　周丽娟

　　　　　翁敦风　　高楚兰　　黄建刚

　　　　　曾铁明　　魏丹彤

前 言

为了更好地普及和推广武术运动，提高运动技术水平，针对当前国际武术运动技术发展的现状，我们受国际武术联合会委托于2011年12月在中国广州组织创编了第三套国际武术竞赛套路。

第三套国际武术竞赛套路包括长拳、刀术、棍术、剑术、枪术、太极拳、太极剑、南拳、南刀、南棍。共有来自中国、美国、日本、马来西亚、中国澳门等国家和地区的15名教练员、裁判员及专家参与了创编工作。在创编过程中，参阅了大量的文献资料，听取了各方面的意见，认真总结了第一套、第二套国际武术竞赛套路的经验。按照遵循武术套路运动规律，突出项目风格特点，引领技术发展方向的原则集体创编而成。

编 者

目 录

一、太极剑套路简介 …………………（ 1 ）

二、太极剑套路动作名称 ……………（ 3 ）

三、太极剑套路动作图解 ……………（ 6 ）

四、太极剑套路动作运行路线示意图 …（110）

五、太极剑套路动作连续演示图 ………（111）

一、太极剑套路简介

源于中国，属于世界的太极剑运动，历史悠久，源远流长，其内容丰富多彩，博大精深。经过长期的发展，形成了包括各种功法、拳械套路和对抗格斗等不同的、注重内外兼修的运动项目。

太极剑运动具有养生健身、防身自卫、竞技比赛、表演交流等多种功能，现今的太极剑运动已不受国界、地域、民族、宗教、门派等限制，成为全人类共有的精神、文化财富。为使太极剑运动更好地发展和普及、推广，提高运动技术水平，国际武联根据武术发展的需要，组织创编了第三套国际武术竞赛套路——太极剑（39式）。

太极剑（39式）是在吸取了传统太极剑经典动作的基础上，遵循武术套路运动技术发展的规律和竞赛要求创编而成，它既保留了传统太极剑的风格特点，又有创新和发展。该套路由点、削、劈、拦、撩、刺、斩、崩、压、绞、截、托、挂、架、云、抹、带、推、捧19种剑法，弓步、马步、仆步、虚步、歇步、平行步、独立步7种步型，后插

腿低势平衡，蹬脚、摆莲脚2种腿法，腾空摆莲360°、旋风脚180°、腾空飞脚3种跳跃及剑指、各种步法、动作难度和连接难度等组成。其内容充实，动作规范，技术全面，风格突出，编排合理，组合形式多变，难度适中。

全套动作布局巧妙，连接顺畅，极具竞技性和观赏性，充分体现了太极剑动作中正圆活、剑法丰富、动静有序、快慢相间、刚柔相济及平和自然的运动特点。由于其动作数量、组别、时间等均符合国际武术竞赛规则的要求，所以也适于在同等条件下进行的国际性的武术比赛。

二、太极剑套路动作名称

预备势

第一段

1. 起势
2. 并步点剑（蜻蜓点水）
3. 弓步削剑（大鹏展翅）
4. 独立劈剑（力劈华山）
5. 左弓步拦（迎风掸尘）
6. 左右撩剑（海底捞月）
7. 独立下刺（仙人指路）
8. 退步回抽（盖拦穿心）
9. 腾空飞脚
10. 腾空摆莲360°
11. 雀地龙

第二段

12. 弓步平刺（青龙出水）
13. 转身下刺（哪吒探海）
14. 弓步平斩（腰斩白蛇）

15. 弓步崩剑（斜飞振翅）
16. 歇步压剑（风舞落叶）
17. 进步绞剑（乌龙搅水）
18. 独立上刺（宿鸟投林）
19. 虚步下截（乌龙摆尾）
20. 旋风脚 180°
21. 独立上托（独立挑帘）

第三段

22. 进步挂剑（风动车轮）
23. 虚步点剑（凤凰点头）
24. 蹬脚架剑（白云盖顶）
25. 后插腿低势平衡
26. 摆莲转体 180°独立
27. 歇步崩剑（古树盘根）

第四段

28. 弓步下截（拨草寻蛇）
29. 弓步下刺（哪吒探海）
30. 右云抹剑（天马行空）
31. 左云带剑（拨云望日）
32. 震脚下压（双震惊雷）
33. 侧蹬下截（箭似离弦）
34. 马步推剑（摘星换斗）
35. 转身劈剑（怪蟒翻身）

36. 弓步上刺（饿虎扑食）
37. 仆步捧剑（叶底藏花）
38. 弓步直刺（金针指南）
39. 收势

三、太极剑套路动作图解

注：动作图解中，实线（——▶）表示下一动作右手、右脚、剑尖的运动路线，虚线（-----▶）表示下一动作左手、左脚、剑柄的运动路线。

预备势

两脚并拢，自然直立；头颈正直，下颌微内收；胸腹放松，背部轻拔；肩臂松垂，两臂垂于身体两侧，右手成剑指，手心向内；左手持剑，手心向后，剑身竖直贴靠在左臂后侧；目视前方。（图1）

图1

要点：

口闭齿叩，舌抵上腭；上悬下沉，中节舒松；精神集中，心平气和，呼吸自然。右手食指与中指伸直并拢，拇指压在无名指上成剑指；左手持剑剑刃不可触及身体，剑身不可歪斜。

三、太极剑套路动作图解

第一段

1. 起势

①接上势，重心右移，左脚向左开步；随即重心落于两腿之间，平行步站立，两脚间距与肩同宽；目视前方。（图 2—图 4）

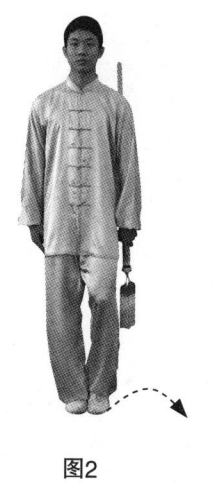

图2

图3

图4

②两臂前举至腕与肩平,两臂间距与肩同宽,肘低于腕和肩;目视前方。(图5、图6)

图5

图6

③上体保持正直,两腿屈膝松胯半蹲;同时,两臂下落至腹前,两肘松垂;目视前方。(图7、图8)

图7

图8

④上体微左转,重心移至右腿;同时,两臂呈弧形向左前上方掤出;目视左前方。(图9)

图9

⑤身体右转,重心移至左腿;右脚尖外摆;同时,两臂随身体右转在体前划平弧捋带;目先随右手再转视左前方。(图10—图13)

三、太极剑套路动作图解

图10

图11

图12

图13

⑥重心移至右腿，屈膝松胯下蹲；左腿屈膝提起，两手屈收；随即左脚跟内侧贴地向左前方铲出；同时，两手向右撑展；目视前方。（图14、图15）

图14

图15

⑦重心移至左腿，全脚掌着地；上体先向右再向左转，随即右脚向右前方上步；同时，左手握剑向左前划弧掤起至胸前；右手剑指向前撩起，两臂相合，左手握剑护手盘贴于右手腕部；目视右前方。（图16—图18）

图16　　　　　　　　图17

图18

⑧身体微右转，重心右移，右腿屈膝前弓，右手剑指向右划弧；随即重心左移，右脚尖内扣，右臂屈肘收至耳侧；接着重心右移，身体左转，左脚随转体向后撤步，前脚掌着地；同时，左手握剑走下弧，摆于身体左后侧持剑；随右脚尖微内扣，右手剑指向前推出，腕与肩平；目视剑指方向。（图19—图21、图21附图）

图19

图20

三、太极剑套路动作图解

图21

图21 附图

要点：

身型要求松胯敛臀，含胸拔背，沉肩坠肘，虚领顶劲；气沉丹田，松静自然。掤举捋带，虚步前指，左手持剑剑刃不可触及身体。

2. 并步点剑（蜻蜓点水）

①接上势，左脚经右脚内侧向左前方上步，重心前移，成左弓步；同时，两手合落经腹前划弧侧分摆举，再向前划弧于体前相合；左手在外，臂呈弧形，剑身贴靠左前臂，右手虎口对剑柄准备接剑；目随右手方向再转视前方。（图22—图24、图24附图）

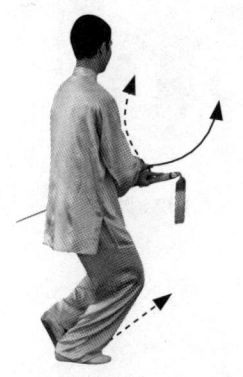

图22

图23

三、太极剑套路动作图解

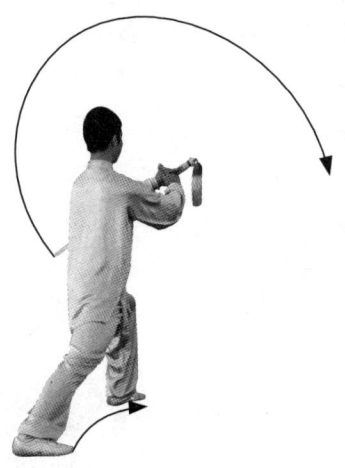

图24

图24 附图

②重心前移；右脚向左脚并步，两腿屈膝半蹲；同时，右手接握剑柄，以腕关节为轴，使剑尖由左后方经上向前划弧，至腕与胸高时，提腕使剑尖向前下方点剑；左手变剑指，附于右前臂内侧；目视前下方。（图25、图25附图）

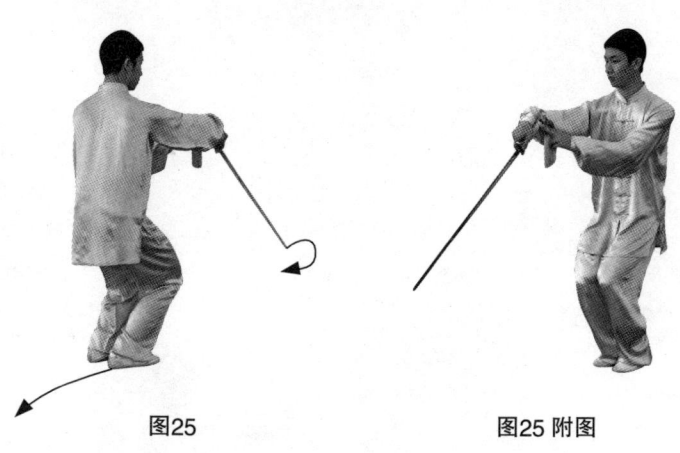

图25　　　　　　　　图25附图

要点：

右手握剑食指不可扣握在护手盘前沿触及剑刃；立剑提腕，使剑尖向前下点击，力达剑尖；并步与点剑协调一致。

3. 弓步削剑（大鹏展翅）

接上势，重心左移，右脚向右后方撤步；随即重心右移，身体右转；左脚尖内扣，右脚尖外摆，右腿屈膝，成右弓步；同时，右手握剑，沉腕，变手心朝上，使剑尖划一小弧指向左下方；左臂屈肘，左手剑指附于右前臂内侧；右手握剑随转体向右上方斜削，腕与肩平；左手剑指左摆至左胯旁；目视剑尖方向。（图26、图26附图、图27）

图26

图26 附图

图27

要点：

弓步前腿膝部垂直于脚背不超出脚尖；右手握剑平剑由左下方向右后上方斜削，力达剑身前段；削剑与转腰、弓步协调配合，中正安舒，轻灵沉稳。

4. 独立劈剑（力劈华山）

①接上势，左腿屈膝，重心后移，上体随之微向右转，右脚尖翘起外摆；同时，右手握剑随右臂屈肘向右划弧，腕与胸平；左手剑指向前、向右划弧摆至右肩前；目随视剑尖。（图28）

图28

②上体微向左转，重心前移；右脚掌踏实，右腿自然直立，左腿屈膝提起，成右独立步；同时，右手握剑继续向后划弧至右后方时向前劈出，剑、臂平直，腕与肩平；左手剑指经下向左划弧摆举至腕与肩平；目视剑尖方向。（图29、图30）

图29

图30

要点：

提膝高过腰；右手握剑立剑由上向下劈击，力达剑身；提膝与劈剑协调一致。

22

5. 左弓步拦（迎风掸尘）

①接上势，右腿屈膝半蹲，左脚向左后落步，前脚掌着地，而后全脚踏实；同时，右手握剑，以腕关节为轴，使剑尖在右臂内侧划立圆；左手剑指附于右前臂内侧；目视剑身。（图31）

图31

②身体左转，重心左移；右脚尖内扣，左脚尖外摆，成左弓步；同时，右手握剑，随转体经下向左前方划弧拦出，腕与肩平，剑尖斜向下；左手剑指经下向左、向上划弧，左臂呈弧形举至左额上方，手心斜向上；目视右手前方。（图32、图33）

第三套国际武术竞赛套路——太极剑

图32

图33

要点：

右手握剑斜向上拦击，剑尖要斜向下垂，力达剑身中段；上下相随，连绵不断。

6. 左右撩剑（海底捞月）

①接上势，右腿屈膝，重心微后移，左脚尖翘起，上体左转，随即重心前移，左脚尖落地踏实；上体微右转，右脚向右前方上步，脚跟着地；同时，右手握剑，随转体屈肘向上、向左划弧至左胯旁；左手剑指下落附于右腕部。（图34—图36）

图34

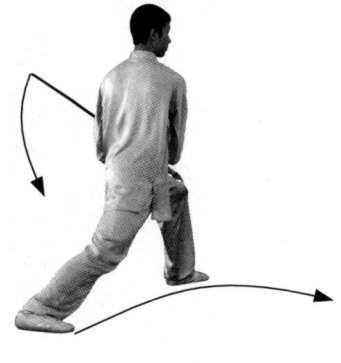

图35

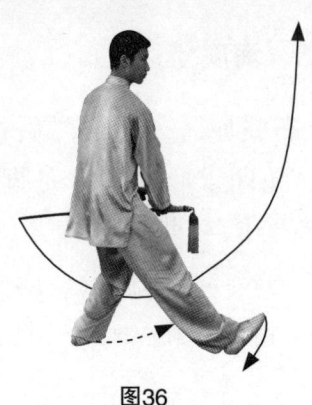

图36

②身体右转,右脚尖外摆,重心前移落地踏实,左脚向左前方上步,成左虚步;同时,右手握剑,剑刃领先经后向下、向左前上方立圆撩架至右额上方,剑尖略低于手;左手剑指附于右前臂内侧;目视左前方。(图37)

图37

③身体微向右转；左脚向左上步，脚跟着地；同时，右手握剑，向上、向右划弧至身体右上方，腕稍低于肩；左手剑指随左臂屈肘落于右肩前；目视右手方向。（图38）

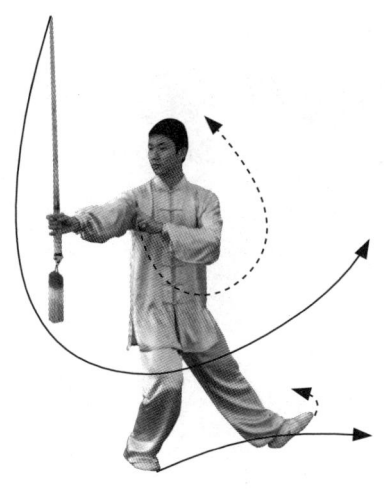

图38

④身体左转，重心左移；左脚尖外摆落地踏实，右脚向前上步，重心前移，成右弓步；同时，右手握剑，经下向前立剑撩出，腕与肩平，手心斜向上，剑尖斜向下；左手剑指向下、向左上方划弧，左臂呈弧形举至左额上方；目视右手方向。（图39）

图39

要点：
　　右手握剑立剑由下向前上方贴身立圆弧形撩击，力达剑身前段；撩剑与上步协调配合。

7. 独立下刺（仙人指路）

接上势，右腿提膝后向右前方落步，上体微右转；同时，右手握剑向上撩托落至右腰侧，左手剑指附于右手腕部；随即身体微左转，左腿屈膝提起；右手握剑向右下方刺出发力，腕与腰平；左手剑指举至左侧上方；目视前下方。（图40—图42、图40附图、图42附图）。

图40

图40 附图

第三套国际武术竞赛套路——太极剑

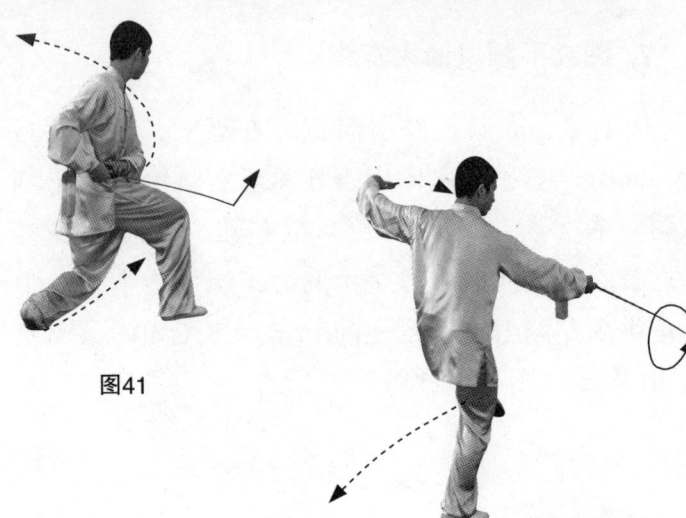

图41

图42

图42 附图

要点：

提膝高过腰；提膝下刺发力与剑指上举协调一致，力达剑尖；动静有序，虚实分明。

30

8. 退步回抽（盖拦穿心）

接上势，左脚向后下落，右脚经左脚内侧擦地向右后方退步，脚跟踏地，右腿屈膝微蹲；重心偏于右腿，身体右转；同时，左手剑指下落附于右手腕部；右手握剑，划弧盖拦回抽顶肘发力，腕与胸平；目视左前方。（图43、图43附图、图44）

图43

图43附图

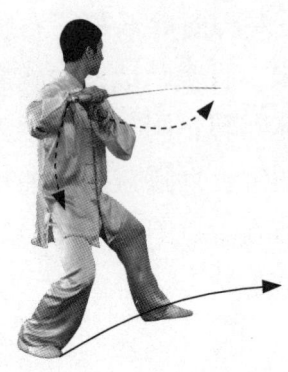

图44

要点：

退步踏震与回抽顶肘发力协调一致，力达肘尖；用力顺达，快慢相间。

9. 腾空飞脚

接上势，右脚向左前方上步，蹬地向上跳起腾空，左腿向前上摆起；同时，两臂依次向前、向上摆动至头前上方；随即右腿向上踢摆，右脚脚面展平；左掌拍击右脚面；目视右脚。（图45、图46）

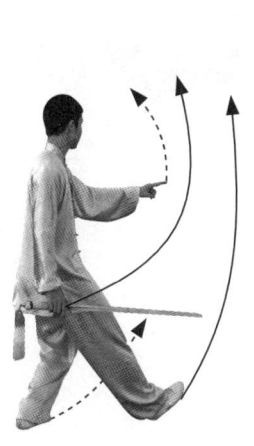

图45

图46

要点：

腾空飞脚时击响腿脚尖过肩，击拍准确。

10. 腾空摆莲 360°

接上势，双脚同时落地，原地双脚蹬地向上跳起腾空，身体在空中向右后转 360°，随即右腿向右外摆；同时，两臂上摆，左掌拍击右脚面；目视右脚。（图 47、图 48）

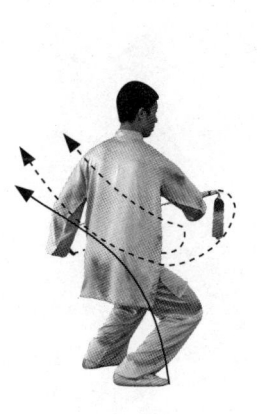
图47

图48

要点：
腾空摆莲时击响腿脚尖过肩，击拍准确，击拍后身体继续右后转。

11. 雀地龙

接上势，两腿同时前后分开下落成雀地龙跌叉，左腿伸直在前，左脚尖翘起；右腿屈膝在后，臀部、右膝内侧和左腿后侧贴地；同时，左手剑指置于左腿上方，右手握剑举至身体右侧；目视左剑指方向。（图49）

图49

要点：

两腿不可依次落地，雀地龙的前脚掌不可内扣触地，两大腿夹角大于45°。

第二段

12. 弓步平刺（青龙出水）

接上势，左腿屈膝回收，右脚蹬地起立，重心前移，右脚跟步；随即身体左转，左脚尖外摆，右脚向前上步，成右弓步；同时，右手握剑，经腰间向前平刺，腕同胸高；左手剑指经右向左下、向上划弧，臂呈弧形举至左额上方；目视剑尖方向。（图50—图53）

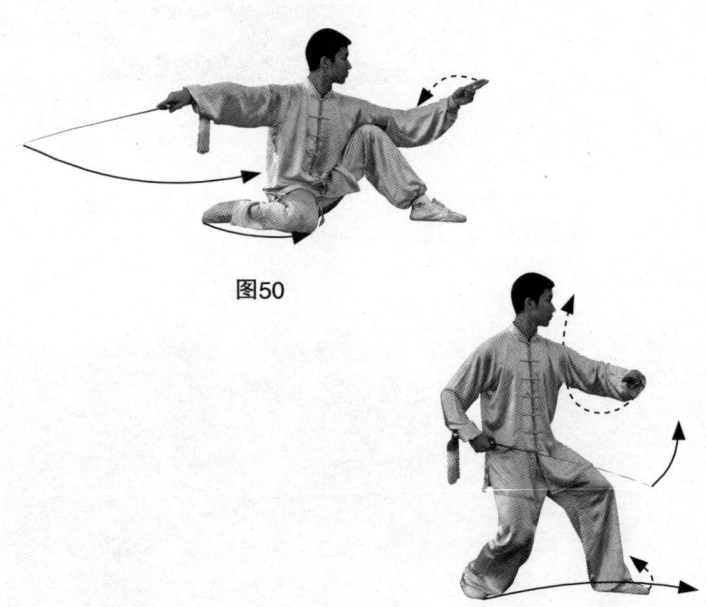

图50

图51

三、太极剑套路动作图解

图52

图53

要点：

右手握剑直向刺出，臂与剑身成一直线，力达剑尖；弓步与平刺、剑指上举协调一致。

13. 转身下刺（哪吒探海）

①接上势，左腿屈膝，重心后移，右腿自然伸直，脚尖上翘；同时，右手握剑，向左、向后平带，随右臂屈肘收至腹前；左手剑指下落置于腹前，剑身平贴于左前臂下，两手心斜相对；目视左前方。（图54、图54附图、图55、图55附图）

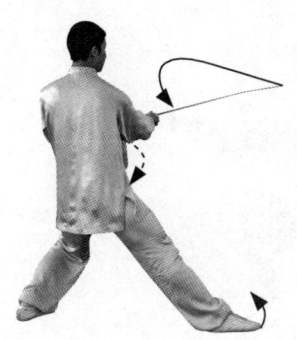

图54

图54附图

三、太极剑套路动作图解

图55

图55 附图

②身体左转，右脚尖内扣落地，重心右移；随即以右脚掌为轴身体左后转体，左腿屈膝提起；两手仍合于腹前；目视左前下方。（图56—图58、图57附图）

图56

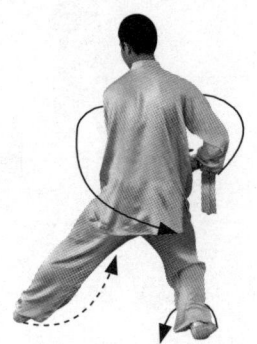

图57

图57附图

图58

③左脚向左前方落步，重心前移，成左弓步；同时，右手握剑，向左前下方平剑刺出，腕与腰平；左手剑指向左、向上划弧，臂呈弧形举至左额上方；目视前下方。（图59、图60）

图59

图60

要点：

转身平稳自然；弓步与下刺、剑指上举协调一致，力达剑尖。

14. 弓步平斩（腰斩白蛇）

接上势，重心左移，右脚向后方撤步；随即左脚尖内扣，右脚尖外摆，重心右移，成右弓步，身体右转；同时，右手握剑，沉腕，向右平斩；左手剑指随左臂屈肘先向前附于右前臂上，后向左分展侧举，腕与胸平；目视剑尖。（图61、图62）

图61

三、太极剑套路动作图解

图62

要点：

右手握剑平剑由左向右横斩，手心朝上，力达剑身中段；平斩剑与弓步协调配合，转接柔顺，身械协调。

15. 弓步崩剑（斜飞振翅）

①接上势，重心左移，身体微左转，右脚尖内扣；随转体右手握剑，以剑柄领先，屈肘带剑至面前；左手剑指弧形左摆至左胯旁；随即重心右移，左脚经右脚后向右插步；同时，右手握剑，向左带剑，内旋翻转，向右格带；左手剑指向左上摆举；目视右侧。（图63、图64）

图63

图64

②重心左移，右腿屈膝提起；同时，两前臂向内划弧合于腹前，手心朝上，左手剑指捧托于右手背下；目视前方。（图65）

图65

③身体微左转，右脚向右落步，重心右移，成右弓步，上体微右转；同时，右手握剑，先向左下摆，随即右摆崩剑发力，腕与肩平；左手剑指先翻转与右手背相贴，随右摆崩剑向左分展至胯旁；目视剑尖。（图66、图67）

图66

图67

要点：

插步格带；提膝捧剑；右手握剑平剑由左向右抖腕崩击发力，力达剑尖；捧剑与提膝、崩剑发劲与弓步协调一致。

16. 歇步压剑（风舞落叶）

①接上势，上体先右转再向左转，重心移至左腿；右脚向左脚后插步，前脚掌着地；同时，右手握剑，经上向左划弧，变手心朝下；左手剑指向下划弧至左胯旁；目视剑尖。（图68、图69）

图68

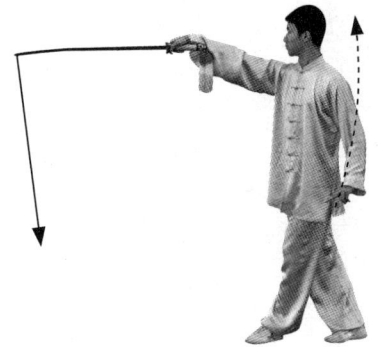

图69

②上势不停，随即两腿屈膝下蹲，成左歇步；同时，右手握剑，向下压剑，低不过踝，剑尖略低于腕；左手剑指向上划弧，臂呈弧形举至左额上方；目视前下方。（图70）

图70

要点：

右手握剑平剑由上向下平压，手心朝下，力达剑身中段；两腿交叉下蹲歇步与压剑协调配合，势正劲整，力点准确。

17. 进步绞剑（乌龙搅水）

①接上势，身体微右转；两腿蹬伸，右脚向前上步，成右虚步；同时，右手握剑立剑上提，腕与肩平；左手剑指弧形前摆，附于右前臂内侧；目视前方。（图71）

图71

②右脚向前上步，重心前移；同时，右手握剑绞剑；左手剑指向下、向左落至胯旁；目视剑尖方向。（图72）

图72

③左脚向前上步，重心前移；同时，右手握剑，再次绞剑；左手剑指划弧侧举，腕与肩平；目视剑尖方向。（图73）

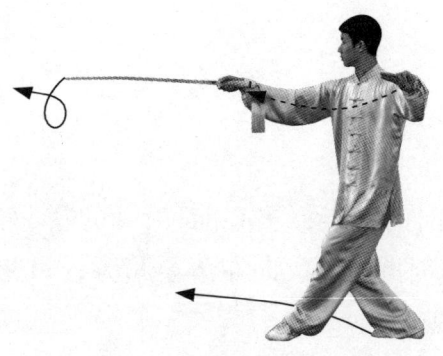

图73

④右脚向前上步,重心前移,成右弓步;同时,右手握剑,继续绞剑后前送;左手剑指向前附于右前臂上;目视剑尖方向。(图74)

图74

要点:

右手握剑,平剑,剑尖向左小立圆绕环,力达剑身前段;上步轻灵平稳,与绞剑协调配合。

18. 独立上刺（宿鸟投林）

①接上势，重心后移，上体微左转再右转；左腿屈膝半蹲，右膝微屈；同时，右手握剑，随右臂屈肘回抽带至右腹前；左手剑指附于右手腕部；目视剑尖方向。（图 75、图 76、图 76 附图）

图75

图76

图76 附图

②重心右移；右腿自然直立，左腿屈膝提起，成右独立步；同时，右手握剑，向前上方刺出，腕与肩平，剑尖高与头平；左手剑指附于右前臂内侧；目视剑尖。（图77）

图77

要点：

提膝高过腰，提膝与刺剑协调一致，力达剑尖；柔中寓刚，舒展圆活。

19. 虚步下截（乌龙摆尾）

①接上势，左脚向左落步，脚跟着地；身体微左转；同时，右手握剑，随转体屈肘外旋向左上方带剑；左手剑指经下向左划弧至左胯旁；目视右侧。（图78）

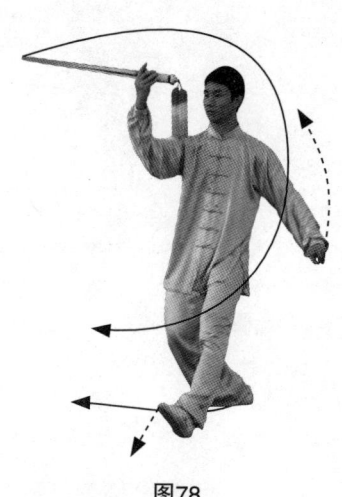

图78

②重心左移，左脚踏实；身体右转，右脚向左前移半步，前脚掌点地，成右虚步；同时，右手握剑，随转体微向左带剑，随即向右下方截剑至右胯旁，剑尖与膝同高；左手剑指举至左额上方；目视右侧。（图79）

图79

要点：

虚步后脚踏实；落步带剑；右手握剑剑身斜向下截击，力达剑身前段；虚步与截剑协调一致。

20. 旋风脚 180°

①接上势，右脚后撤，身体先左再右转，左脚上步；同时，左手剑指下落与右手相合，随转体前伸，腕与肩平；右手握剑，云架至右额上方；目视剑指方向。（图 80—图 82、图 82 附图）

图80

图81

三、太极剑套路动作图解

图82

图82 附图

②右手握剑，剑尖经右向左下挂剑，双脚原地蹬地跳起腾空；身体在空中向左后转180°；同时，两臂依次向上、向后摆动至头前上方；随即右腿里合，左掌拍击右脚掌；击响腿单脚落地，两臂自然下落于胸腹前；目视前下方。（图83—图86）

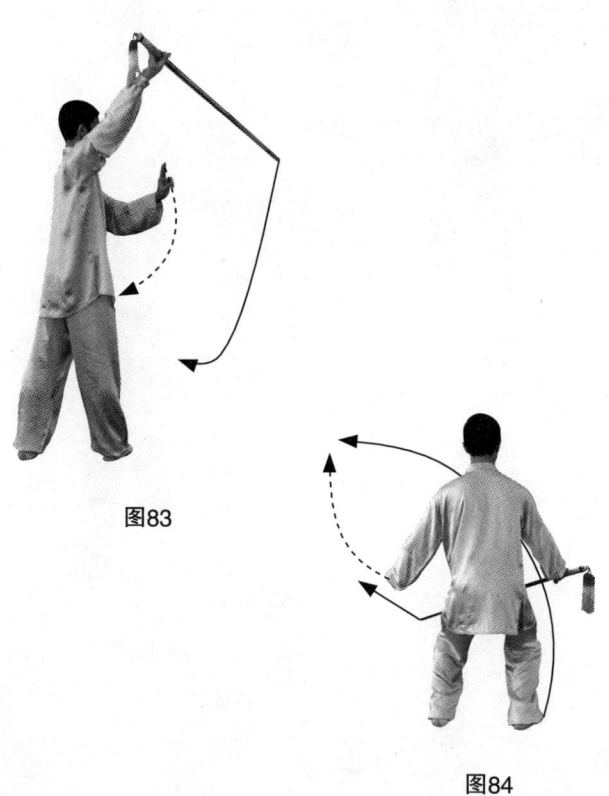

图83

图84

三、太极剑套路动作图解

图85

图86

要点：

原地起跳前不可停顿；击响腿脚尖过肩，击拍准确；击响腿单脚落地时不可出现上体晃动、脚移动或跳动。

21. 独立上托（独立挑帘）

接上势，右腿微屈膝站稳，左腿屈膝提起，脚尖下垂，成右独立步；同时，右手握剑，向上托举至右额上方，剑身平直；左手剑指随左臂屈肘附于右前臂内侧；目视左前方。（图87、图88）

图87

图88

要点：

右手握剑立剑由下向上托举，力达剑身；提膝高过腰，提膝腿脚不可触地，提膝独立与托剑协调一致；敏捷自然，转换灵活。

第三段

22. 进步挂剑（风动车轮）

①接上势，左脚向左摆步，随重心前移，右脚跟提起，身体微左转；同时，右手握剑，向左下方划弧挂剑；左手剑指随左臂屈肘附于右前臂内侧；目视左侧。（图89、图89附图）

图89

图89 附图

②随重心前移，右脚摆步向前，身体微右转；同时，右手握剑，经上向前划弧，前臂外旋；左手剑指附于右前臂内侧；目视剑尖方向。（图90）

图90

③随重心前移,右脚踏实,左脚跟提起,上体右转;同时,右手握剑,向右划弧穿挂剑;左手剑指附于右前臂内侧;目视右侧。(图91)

图91

要点:

上步身体重心平稳;右手握剑立剑由前向下、向后贴身左右立圆环绕挂剑;舒展和顺,连贯圆活。

23. 虚步点剑（凤凰点头）

①接上势，随重心前移，左脚摆步向前，脚跟着地，身体微左转；同时，右手握剑，向右伸举；左手剑指向左前伸；目视剑指方向。（图92）

图92

②身体左转，随重心前移；左脚踏实，左腿屈膝半蹲；右脚向右前方上步，前脚掌点地，成右虚步；同时，右手握剑，经上向右前下方点剑；左手剑指经下向左划弧，臂呈弧形举至左额上方；目视前下方。（图93、图94）

三、太极剑套路动作图解

图93

图94

要点：

虚步后脚踏实；右手握剑立剑提腕点击，力达剑尖；虚步与点剑、剑指上举协调一致。

24. 蹬脚架剑（白云盖顶）

①接上势，右脚向左后插步；同时，右手握剑，以腕为轴，外旋翻转手腕，使剑尖划弧至体前；随即重心后移，两腿屈膝下蹲，并以左脚跟、右脚掌为轴碾步，身体右后转；同时，右手握剑，前臂内旋，剑柄领先向下、向右后方扫剑划弧摆举至右膝前方；左手剑指随左臂屈肘附于右手腕部；目视剑尖。（图95—图97）

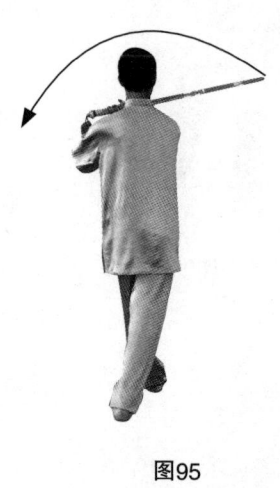

图95

图96

三、太极剑套路动作图解

图97

②右腿蹬伸，微屈膝站稳；左腿屈膝提起，脚尖下垂；随即左脚以脚跟为力点向左侧蹬脚；同时，右手握剑上架至右额上方；左手剑指向左侧指出，腕与肩平；目视剑指方向。（图98—图100）

图98

图99

图100

要点：

右脚后撤扫剑；蹬脚上举腿伸直，高过水平；右手握剑立剑由下向右额上方架剑，力达剑身中段；蹬脚与架剑、剑指前指协调一致，沉稳浑厚，绵里藏针。

25. 后插腿低势平衡

接上势，左腿屈膝落步，重心左移；右腿向左、向右摆起，随即经支撑腿后方向左侧前方插腿低势平衡；左腿屈膝全蹲支撑；同时，右手握剑向左经前向右、向体前划弧下刺；左手剑指先附于右臂内侧，接着两手斜分；目视左手方向。（图101—图107）

图101

图102

图103

图104

图105

三、太极剑套路动作图解

图106

图107

要点：

插出腿脚不可触地，支撑腿大腿低于水平，手不可扶按支撑腿。

26. 摆莲转体 180°独立

接上势，左腿蹬伸，微屈膝站稳，右腿提膝；右手握剑向左摆落于左肘下，左手剑指向上收于右肩前；随即右腿向左上摆起经面前向右外摆，左手击拍右脚面；右腿屈膝提收；同时，右手握剑，前臂内旋，经面前使剑尖在头前方逆时针划弧云剑，屈肘向左摆至左肋前；左手剑指与右手相合，屈肘附于右手腕部；右腿提膝向右后转体 180°，成提膝独立。（图108—图111、图111附图）

图108

图109

三、太极剑套路动作图解

图110

图111

要点：

击响摆动腿伸直，击拍准确；提膝高过腰，提膝腿脚不可触地。

图111 附图

73

27. 歇步崩剑（古树盘根）

①接上势，身体右转，右脚落步踏实，重心右移，左脚跟提起；同时，右手握剑，向后带剑至右胯旁；左手剑指下落附于右腕上；目视右侧。（图112、图113）

图112

图113

②身体微右转；左脚向左上步，前脚掌着地；同时，右手握剑，经下向右划弧反撩；左手剑指经下向左划弧摆伸；目视剑尖。（图114）

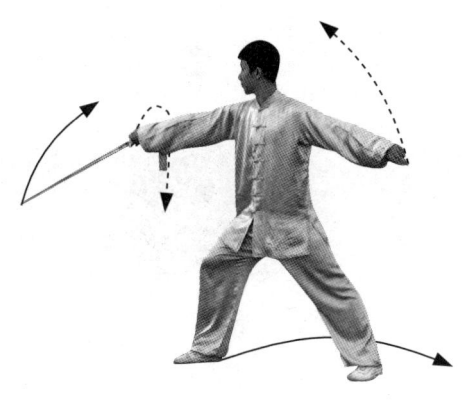

图114

第三套国际武术竞赛套路——太极剑

③重心左移，身体微右转；右脚向左脚后撤步，成左歇步；同时，右手握剑，变虎口朝上后沉腕崩剑，腕与腰平；左手剑指举至左额上方；目视右前方。（图115）

图115

要点：

右手握剑，立剑由下而上，沉腕，使剑尖向前上崩挑，力达剑尖；歇步与崩剑、剑指上举协调配合，势正招圆，紧凑灵活，端正严密，柔和细腻。

第四段

28. 弓步下截（拨草寻蛇）

①接上势，两腿蹬伸，重心左移，右脚跟至左脚内侧；右脚向右前方上步，重心前移，成右弓步，身体微右转；同时，右手握剑随转体内旋划弧拨剑，随即向右前下方截剑，腕与腰平；左手剑指下落附于右手腕部；目视前下方。（图116—图118）

图116

图117

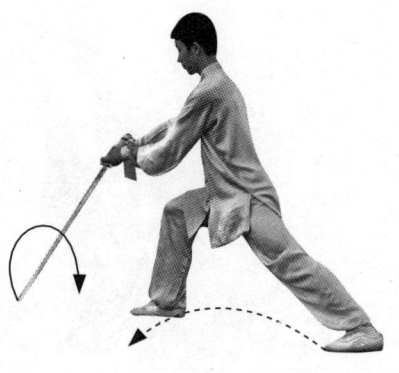

图118

②重心右移,左脚跟至右脚内侧,再向左前方上步,重心前移,成左弓步,身体微左转;同时,右手握剑随转体外旋划弧拨剑至右胯旁;随即向左前下方截剑,腕与腰平;左手剑指向前上方划弧摆举,臂呈弧形举至左额上方;目视前下方。(图119—图121、图120附图)

图119

图120

图120 附图

第三套国际武术竞赛套路——太极剑

图121

要点：

右手握剑，剑身斜向下截击，力达剑身前段；截剑时以身带剑，身随步转，柔和连贯。

29. 弓步下刺（哪吒探海）

接上势，重心左移；右脚提起在左脚后震脚，左脚向左前方上步；右手握剑，向前划弧随右臂屈肘回带至右腹前；随即重心前移，上体左转，成左弓步；同时，右手握剑向左前下方刺出发力，腕与腰平；左手剑指附于右前臂内侧；目视前下方。（图122—图124、图123附图）

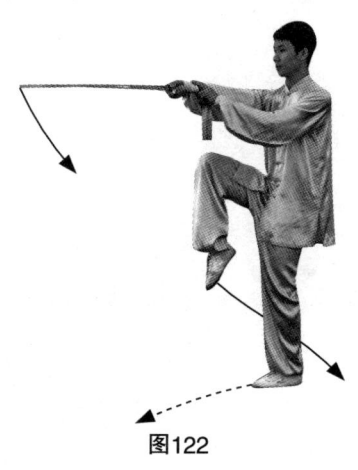

图122

第三套国际武术竞赛套路——太极剑

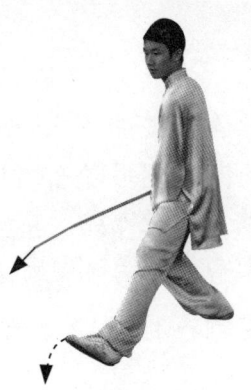

图123　　　　　　　　　　图123 附图

图124

要点：

右手握剑平剑向前下方刺剑发力，力达剑尖；右脚踏震与两臂屈肘回带、刺剑发劲与弓步协调配合，端庄典雅，虚实分明。

30. 右云抹剑（天马行空）

①接上势，重心左移，右脚跟至左脚内侧向右前方上步；重心右移，身体微右转，成右横弓步；同时，右手握剑，沉腕略向左带，随转体向右上方划弧削剑；左手剑指向左划弧至右前臂上方随转体向左分展举于左前方，腕与胸平；目视剑尖。（图125、图126）

图125

图126

②上体微右转，重心右移，左脚向右前盖步；随即右脚向右上步，身体微左转；同时，右手握剑，在面前由右经后向左顺时针划弧云剑，摆至体前；左手剑指在云剑时与右手相合，附于右手腕部；目视前方。（图127、图128）

图127

图128

③重心前移，成右弓步，身体右转；同时，右手握剑，向右抹剑至右前方，腕与胸平；左手剑指仍附于右手腕部；目视剑尖方向。（图129）

图129

要点：

右手握剑云剑，力达剑身前段；平剑由左向前、向右弧形抽回抹剑，力达剑身；弓步与抹剑协调一致。

31. 左云带剑（拨云望日）

①接上势，身体微右转，左脚跟至右脚内侧；同时，右手握剑，屈肘右带；左手剑指附于右手腕部；目视剑尖方向。（图130、图130附图）

图130

图130 附图

②左脚向左上步，重心前移，身体左转；同时，右手握剑，向前伸送后向左抹带；左手剑指向左划弧摆举至体左侧；目视剑尖。（图131）

图131

③重心左移，右脚向左前盖步，身体微右转，左脚向左前方迈步；同时，右手握剑，在面前由左经后向右逆时针划弧云剑，摆至体前；左手剑指在云剑时与右手相合，附于右手腕部，随即落至左胯旁；目视前方。（图132、图133）

图132

图133

④重心前移，成左弓步，身体左转；同时，右手握剑，随剑尖前伸，前臂外旋至手心朝上后微屈右肘向左带剑至左肋前；左手剑指由下向左随臂呈弧形举至左额上方；目视剑尖方向。（图134）

图134

要点：

　　右手握剑平剑由前向左侧后回抽带剑，力达剑身中段；弓步与带剑协调一致，轻灵沉稳，剑势缠绵。

32. 震脚下压（双震惊雷）

①接上势，右手握剑内旋，剑尖自然下垂，两手合于腹前；随即右手握剑向右上、向下划弧，两臂先分展后相合于腹前；同时，左脚后退一步，重心后移，成右虚步；目视剑尖。（图135—图137）

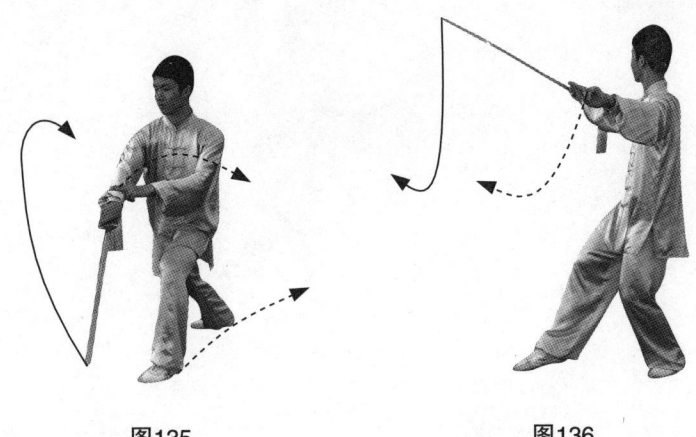

图135　　　　　　　　图136

图137

②右腿屈膝上摆，左脚蹬地跳起，左脚、右脚依次下落踏震；同时，两手上托于胸前，右手握剑立剑下压发力，腕与腹平；左手剑指落至腹前；目视右手方向。（图138、图139）

图138

要点：

跳起上托配合吸气；震脚下压剑发力，力达剑身中段；配合呼气下沉，震脚与下压协调一致。

图139

33. 侧蹬下截（箭似离弦）

接上势，重心左移，右腿屈膝回收，随即右脚向右下侧蹬踹；同时，右手握剑内旋向左再斜向右下截击发力；左肘后顶，左手剑指收于左肩前方；目视右手方向。（图140、图141）

图140

图141

要点：
　　侧蹬踹腿与左顶肘、右截剑发力协调一致，力达剑身前段。

34. 马步推剑（摘星换斗）

①接上势，右腿屈收落步，左腿前摆，右脚蹬地，身体腾起右后转180°；左脚先落地，右脚向左后方落地插步，前脚掌着地；随即身体右后转270°，右脚以脚掌擦地撤半步，脚跟提起，左腿屈膝，成右虚步；同时，右手握剑回收后向前直刺，转身撩剑收于右肋下；左手剑指回收随直刺落于左胯旁，后随翻身撩剑附于右手腕部；目视右侧。（图142—图145、图145附图）

图142

图143

第三套国际武术竞赛套路——太极剑

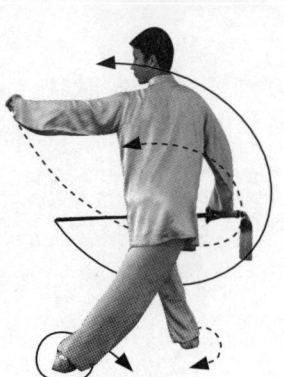

图144

图145

图145 附图

②左脚蹬地，重心前移，右脚向右前方上步，前脚掌下落内扣碾地，脚跟外展，左脚随右脚跟外展向前滑步，身体左转90°，两腿屈膝半蹲，成马步；同时，右手握剑，向右前方立剑平推发力，腕与胸平；左手剑指经胸前向左推举，腕与肩平；目视右侧。（图146、图147）

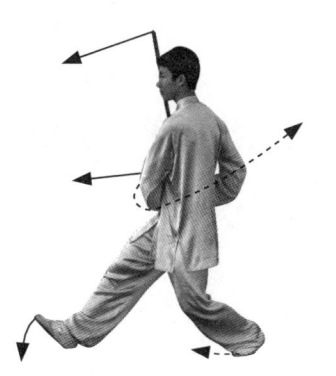

图146

图147

要点：

跳换步转身轻灵顺遂，动作连贯；右手握剑，剑身竖直由后向前推剑发力，力达剑身中段；马步与转腰推剑协调一致。

35. 转身劈剑（怪蟒翻身）

接上势，左脚上步，脚尖内扣，身体右转360°；右脚脚尖外摆向右跨步，落地震脚，两腿屈膝下蹲；同时，右手握剑内旋下落随转身下劈剑，腕与腹平；左手剑指附于右手腕部；目视左前方。（图148—图150、图149附图）

图148

图149

三、太极剑套路动作图解

图149 附图

图150

要点：

右手握剑立剑转身由上向斜下劈剑发力，力达剑身，劈剑与落脚踏震协调一致。

36. 弓步上刺（饿虎扑食）

①接上势，左脚上步，身体左转，成左弓步；同时，右手握剑划弧向左侧斜下探刺，左手剑指收附于右前臂内侧；目视左前方。（图151、图152）

图151

图152

②身体右转，右手握剑向右、向下划弧收至腹前；重心先右移再左移，右腿提膝，左脚向前小跳步，右脚向前落步，重心前移，成右弓步；同时，右手握剑向前上刺，腕与肩平；左手剑指附于右前臂内侧；目视剑尖方向。（图153—图157）

图153

图154　　　　　　　　图155

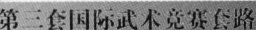

图156

图157

要点：
　　向下探刺、跳步接弓步上刺，力达剑尖；弓步与上刺协调一致。

37.仆步捧剑（叶底藏花）

接上势，上体左转，重心左移；左腿屈膝半蹲，成左弓步；右手握剑自右经体前向左后横扫；随即重心右移，左脚尖内扣，右腿屈膝全蹲，左腿平铺伸直，全脚掌着地，成左仆步；同时，两手体前沉落，左手剑指捧于右手腕部；目视左下方。（图158、图159、图159附图）

图158

第三套国际武术竞赛套路——太极剑

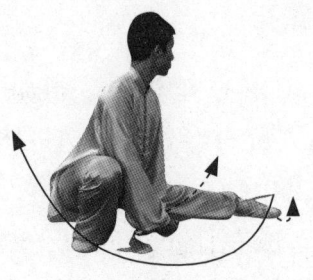

图159

图159 附图

要点：

右手握剑平剑弧形横扫，力达剑身；仆步与捧剑协调配合；动静有序，快慢相间，刚柔相济。

38. 弓步直刺（金针指南）

①接上势，左脚尖外摆，右腿蹬伸，身体微右转再微左转，重心左移，右脚跟步；同时，右手握剑，以腕为轴，向右、向左外旋翻转划弧前伸提腕点剑；左手剑指举至左侧；目视剑尖。（图160、图161）

图160

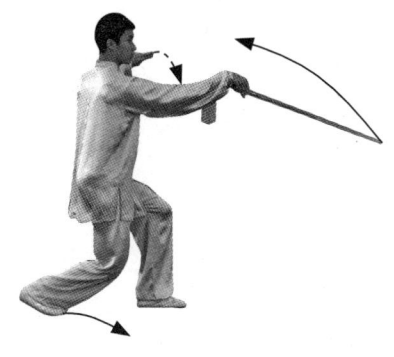

图161

②右脚提起向右前落步外摆,身体微右转;同时,右手握剑内旋翻转剑身横置胸前;重心右移,身体右后转180°;左脚向右脚前扣步;目视左方。(图162、图163)

图162

图163

③上动不停,以左脚掌为轴身体继续向右后转180°;右脚随转体向后撤步,左脚随之稍后收,前脚掌着地,成左虚步;同时,剑随转体由左向右平抹;在变左虚步的同时,两手向左右分开,置于两胯旁;目视前方。(图164、图165)

图164

图165

④左脚向前进半步，重心前移，成左弓步；同时，右手握剑，立剑向前直刺，腕与胸平；左手剑指附于右手腕部；目视前方。（图166、图167）

图166

图167

要点：
　　右手握剑立剑直向刺出，臂与剑身成一直线，力达剑尖；弓步与刺剑协调一致。

39. 收势

①接上势,左脚尖内扣,重心后移,右腿屈膝,上体右转;同时,右手握剑,屈肘向右回带至右胸前;左臂屈肘回收,左手接握剑的护手盘,剑身贴于左前臂外侧;目视右前方。(图168)

图168

②左脚尖外摆，上体左转，重心左移，右脚上步，成平行步；同时，左手接剑，随转体经腹前向左摆置左胯旁，手心向后；右手变剑指，经下向右划弧，随转体向前伸举，手心向下；目视前方。（图169、图170）

图169

图170

③右手剑指下落于身体右侧，手心向后；两腿由屈蹲逐渐自然直立，随后重心右移，左脚向右脚并拢，并步站立；同时，右手剑指外旋，手心向内，贴于大腿外侧，两臂垂于体侧；目视前方。（图171、图172）

图171

图172

要点：
中正圆活，轻灵沉稳，平和自然，无过不及。

四、太极剑套路动作运行路线示意图

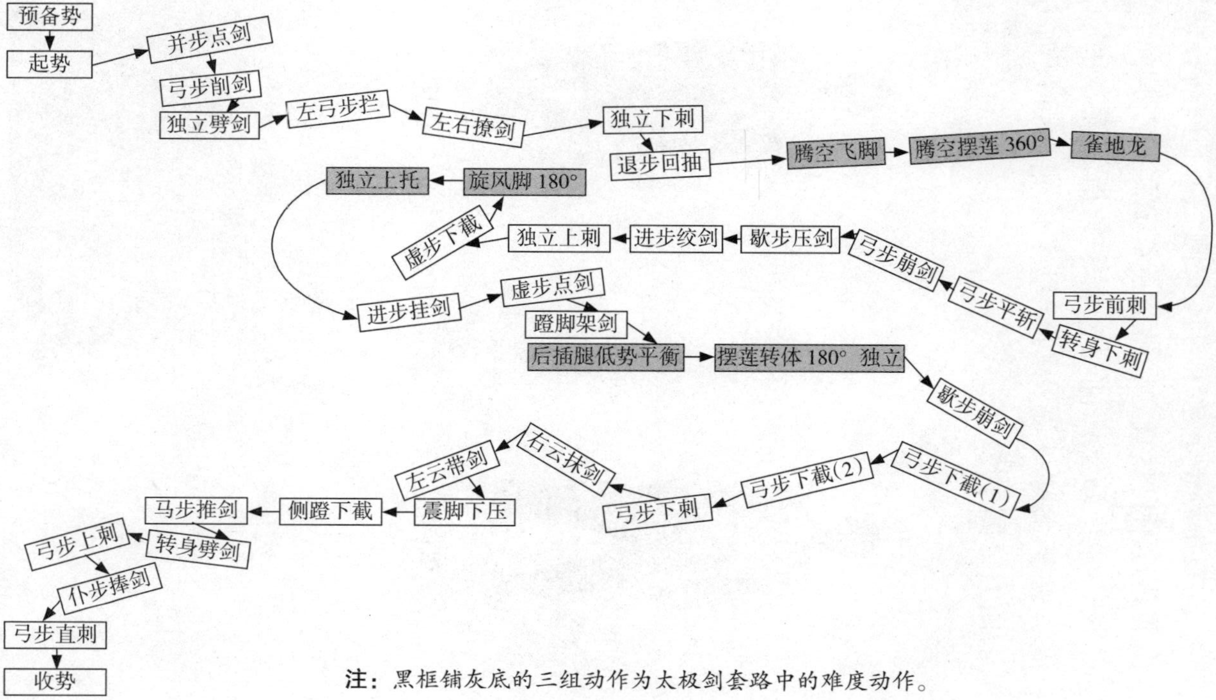

预备势 → 起势 → 并步点剑 → 弓步削剑 → 独立劈剑 → 左弓步拦 → 左右挫剑 → 独立上托 → 进步挂剑 → 旋风脚180° → 虚步下截 → 独立上刺 → 虚步点剑 → 蹬脚前刺 → 独立下刺 → 退步回抽 → 腾空飞脚 → 腾空摆莲360° → 雀地龙 → 进步绞剑 → 歇步压剑 → 弓步崩剑 → 弓步平斩 → 弓步前刺 → 转身下刺 → 蹬脚架剑 → 后插腿低势平衡 → 摆莲转体180° 独立 → 歇步崩剑 → 弓步下截(1) → 弓步下截(2) → 弓步下刺 → 右云抹剑 → 左云带剑 → 震脚下压 → 侧蹬下截 → 弓步推剑 → 转身劈剑 → 弓步上刺 → 小步捧剑 → 弓步直刺 → 收势

注：黑框铺灰底的三组动作为太极剑套路中的难度动作。

五、太极剑套路动作连续演示图

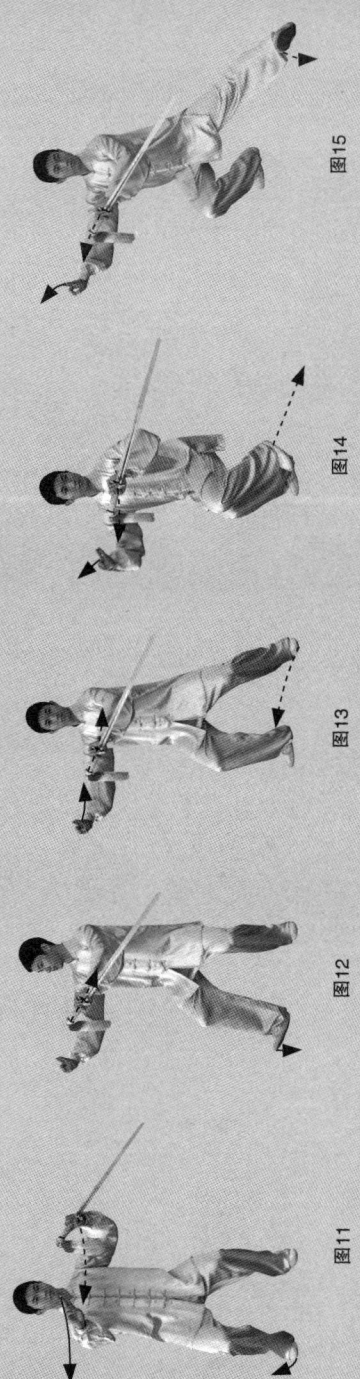

114

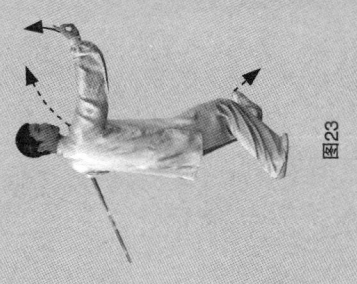

图23

图22

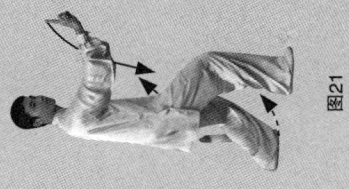

图21

图20

115

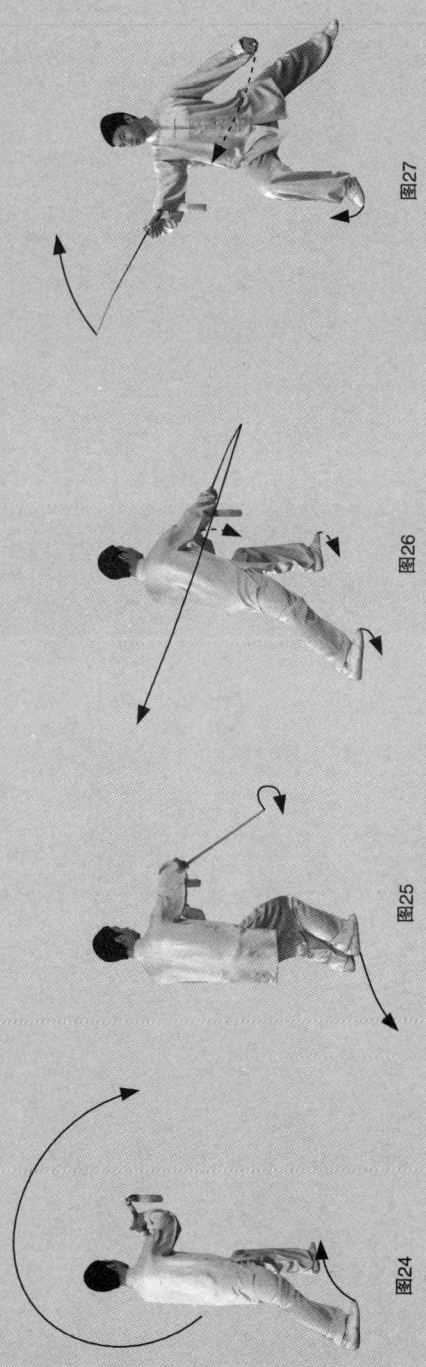

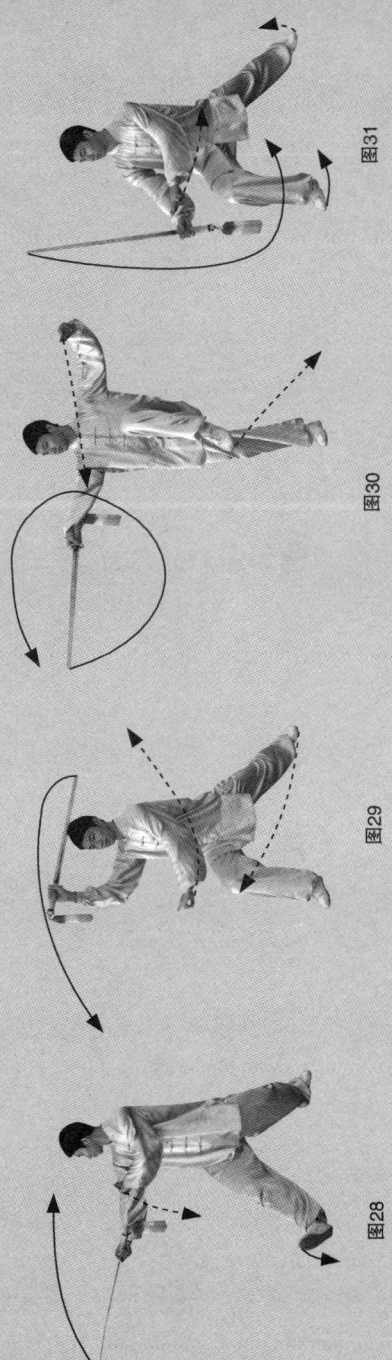

118

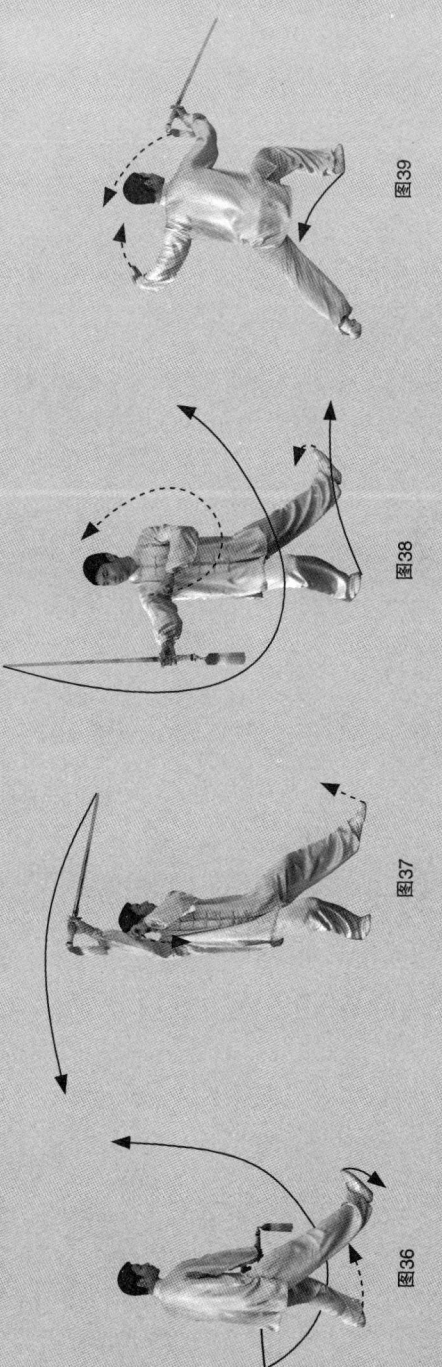

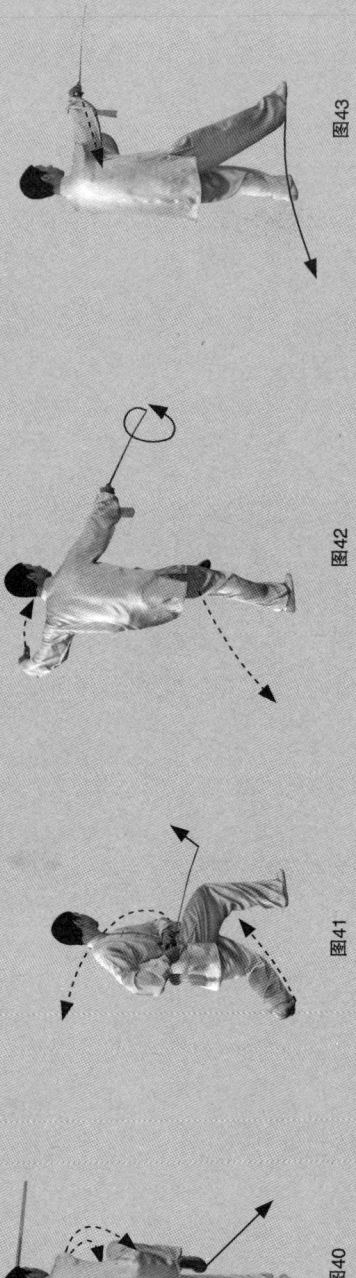

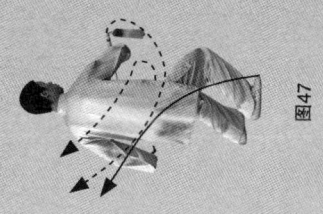

图47

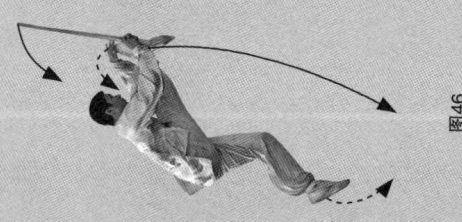

图46

图45

图44

121

图52 图53 图54 图55

123

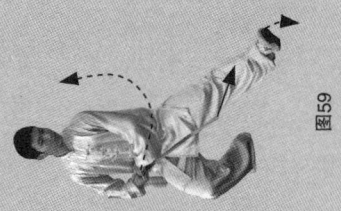

图59

图58

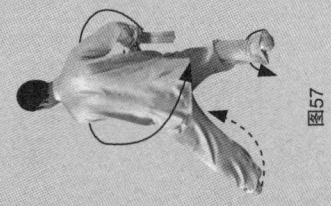

图57

图56

124

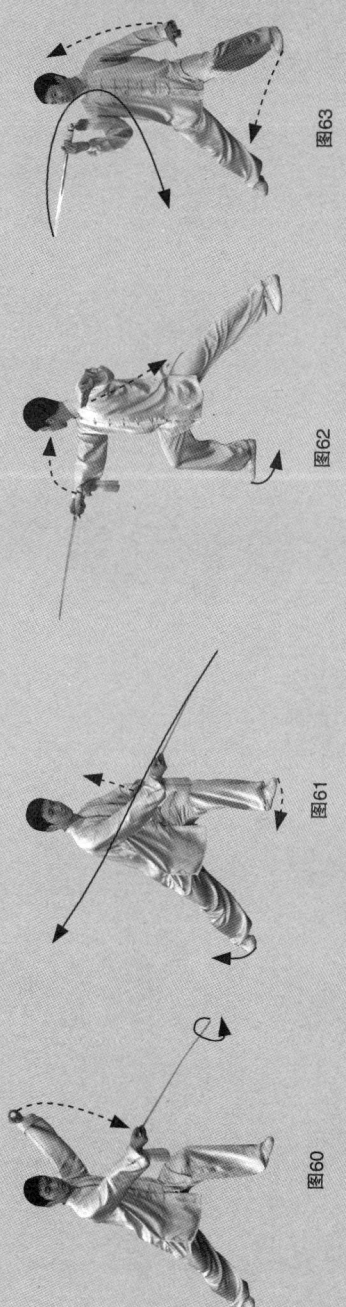

126

图72　图73　图74　图75

128

图83

图82

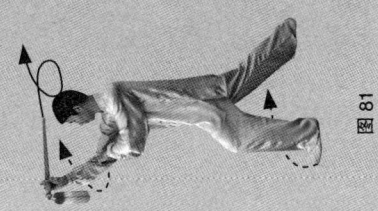

图81

图80

130

图87

图86

图85

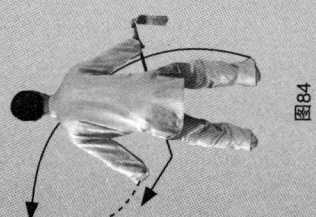

图84

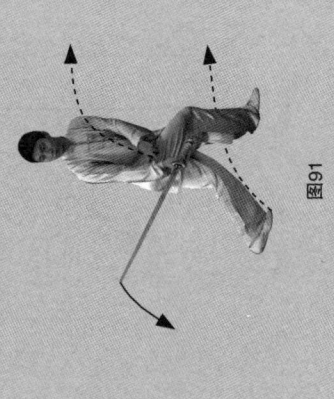

图91

图90

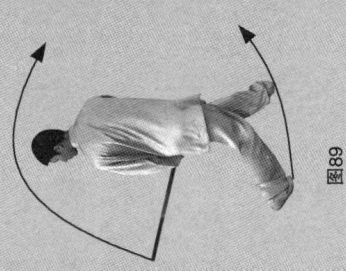

图89

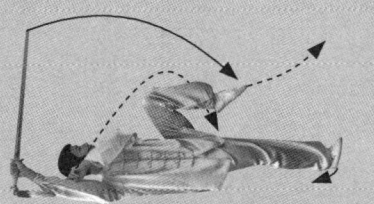

图88

图92　图93　图94　图95

133

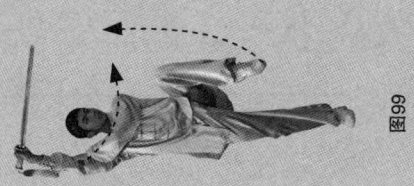

图99

图98

图97

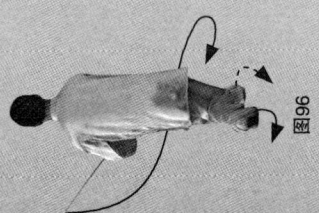

图96

图103

图102

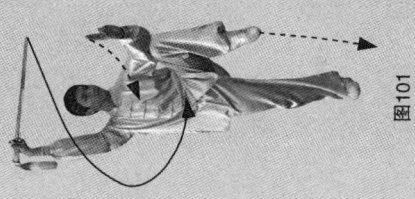

图101

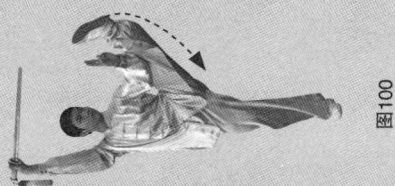

图100

135

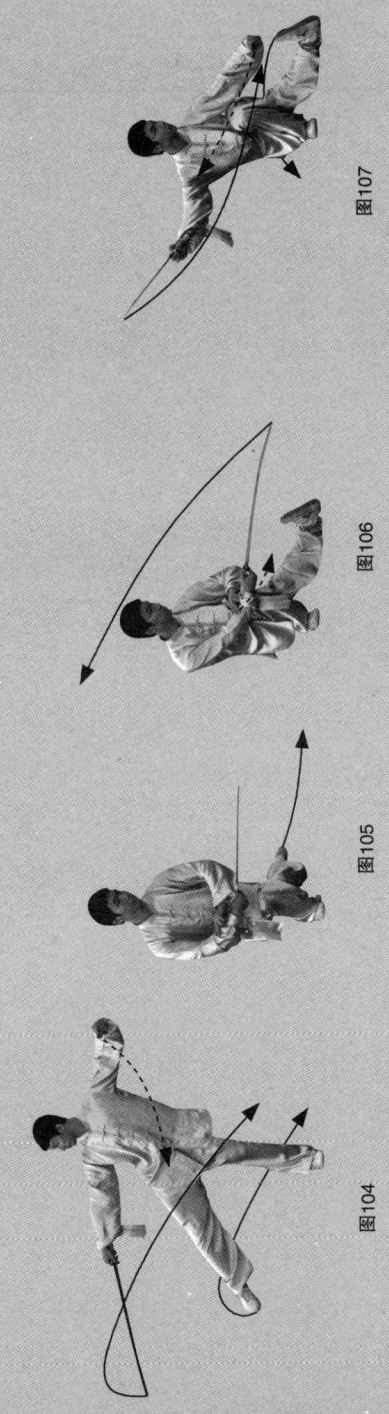

图111

图110

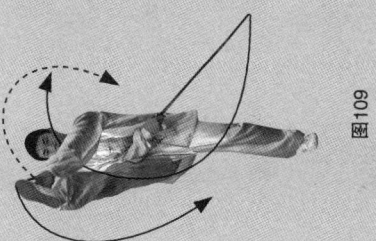

图109

图108

图119

图118

图117

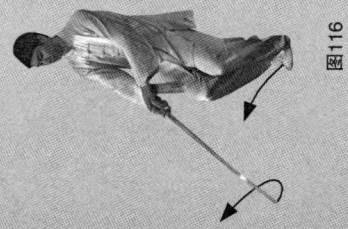

图116

图123

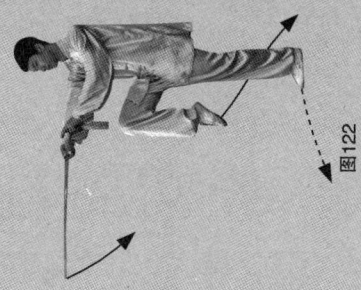

图122

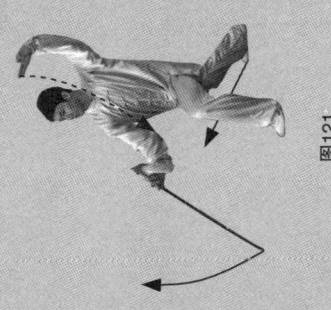

图121

图120

140

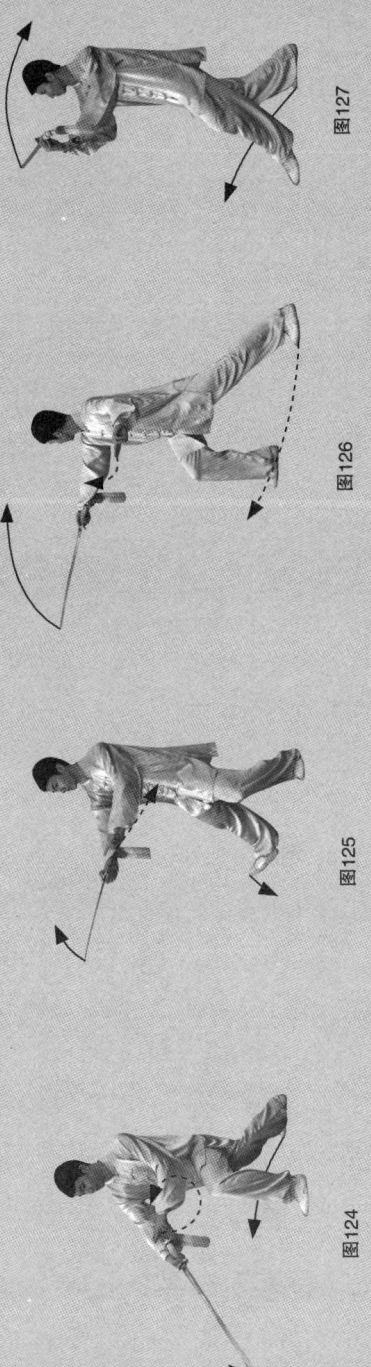

图124　图125　图126　图127

图131

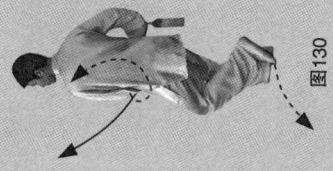

图130

图129

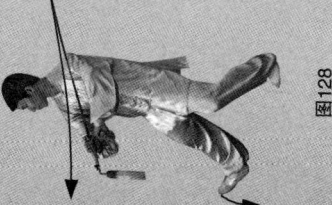

图128

142

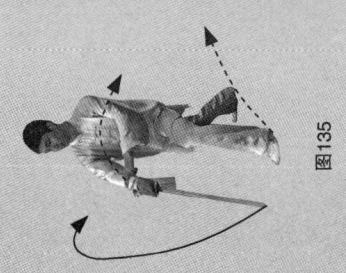
图135

图134

图133

图132

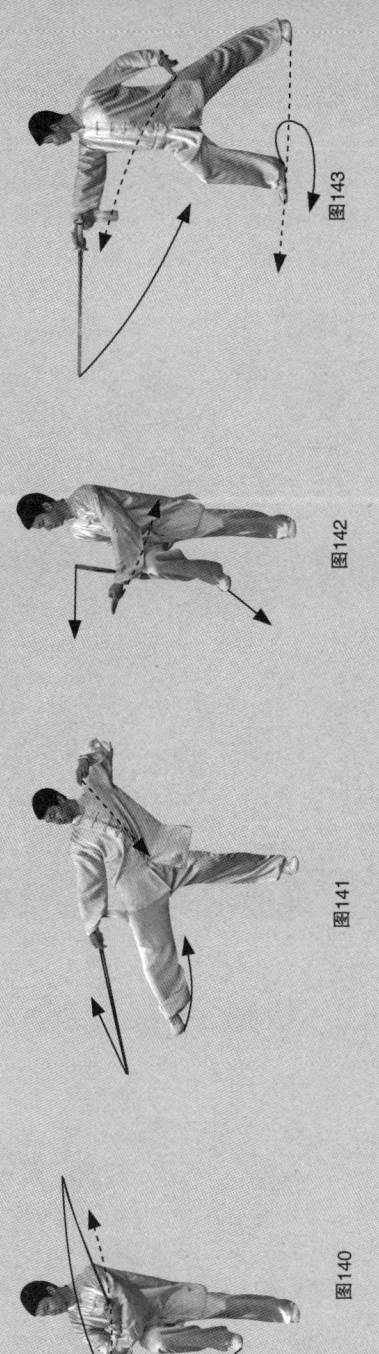

145

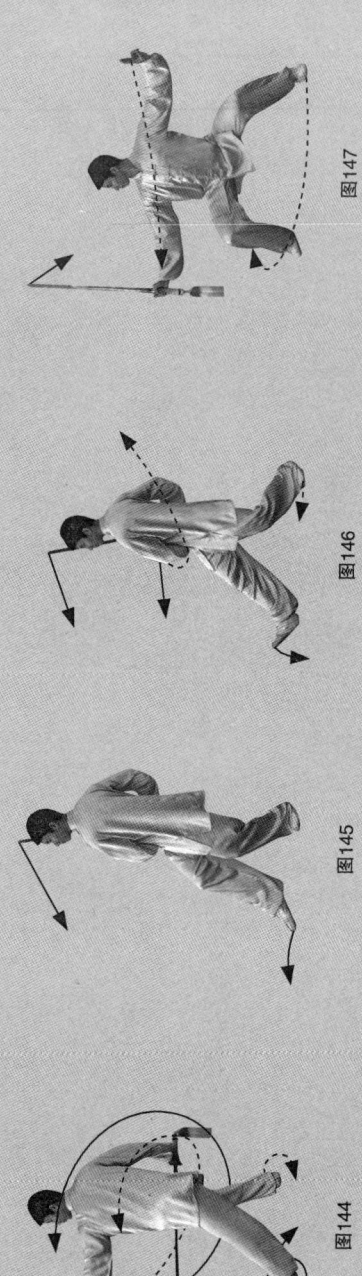

图151

图150

图149

图148

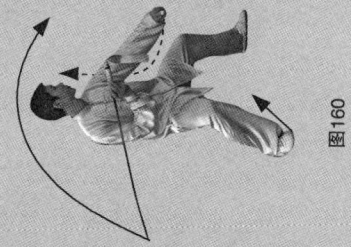

图160

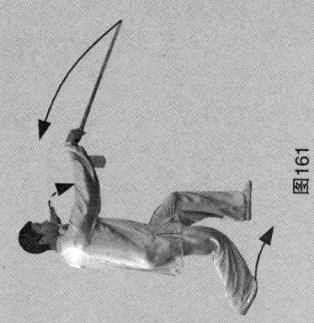

图161

图162

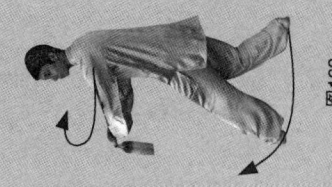

图163

图167

图166

图165

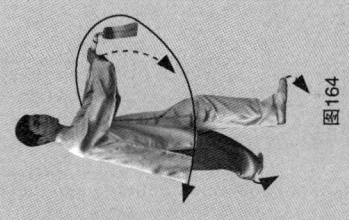

图164

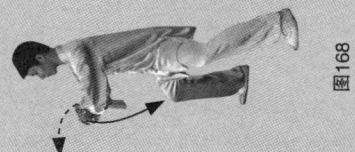

图168

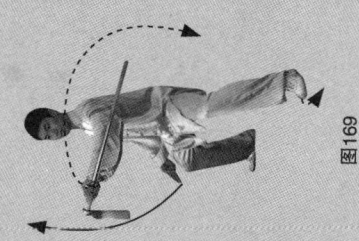

图169

图170

图171

图172